AF216507

Impressum
Verlag: BABADADA GmbH, Nedderfeld 112 , 22529 Hamburg
Geschäftsführer / Verlagsleitung: Harald Hof
Druck: Books on Demand GmbH, In de Tarpen 42, 22848 Norderstedt

Imprint
Publisher: BABADADA GmbH, Nedderfeld 112 , 22529 Hamburg, Germany
Managing Director / Publishing direction: Harald Hof
Print: Books on Demand GmbH, In de Tarpen 42, 22848 Norderstedt, Germany

mokykla

בית ספר

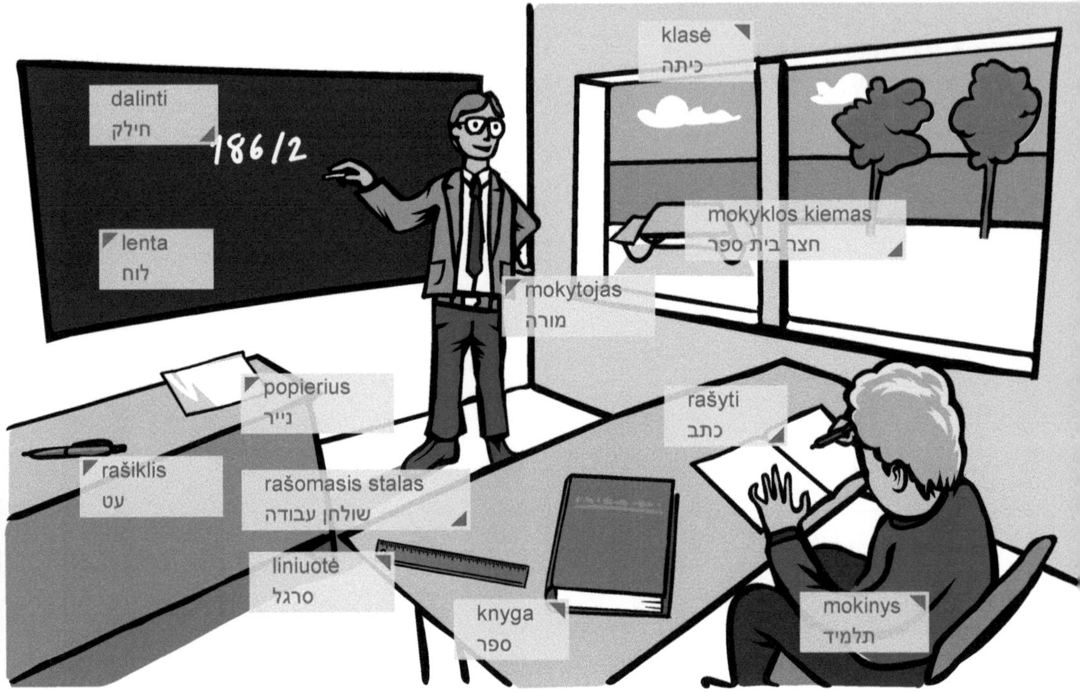
klasė
כיתה
dalinti
חילק
186/2
lenta
לוח
mokyklos kiemas
חצר בית ספר
mokytojas
מורה
popierius
נייר
rašyti
כתב
rašiklis
עט
rašomasis stalas
שולחן עבודה
liniuotė
סרגל
knyga
ספר
mokinys
תלמיד

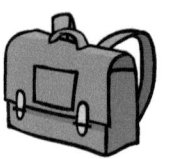

kuprinė
ילקוט

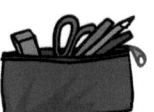

penalas
קלמר

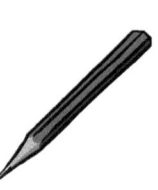

pieštukas
עיפרון

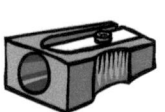

drožtukas
מחדד

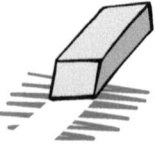

trintukas
גומי מחיקה

piešimo bloknotas
חוברת סרטוט

piešinys

סרטוט

teptukas

מברשת

dažų dėžutė

קופסת צבעים

žirklės

מספריים

klijai

דבק

vadovėlis

ספר תרגול

namų darbai

שיעור בית

numeris

מספר

pridėti

חיבר

atimti

חיסר

dauginti

הכפיל

skaičiuoti

חישב

raidė

אות

ABCDEFG
HIJKLMN
OPQRSTU
VWXYZ

abėcėlė

אלפבית

hello

žodis

מילה

tekstas

טקסט

skaityti

קרא

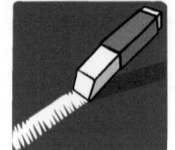

kreida

גיר

pamoka

שיעור

dienynas

יומן נוכחות

egzaminas

מבחן

pažymėjimas

תעודה

mokyklinė uniforma

תלבושת בית ספר

išsilavinimas

חינוך

enciklopedija

אנציקלופדיה

universitetas

אוניברסיטה

mikroskopas

מיקרוסקופ

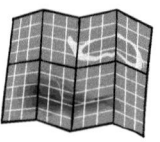

žemėlapis

מפה

šiukšliadėžė

סל נייר

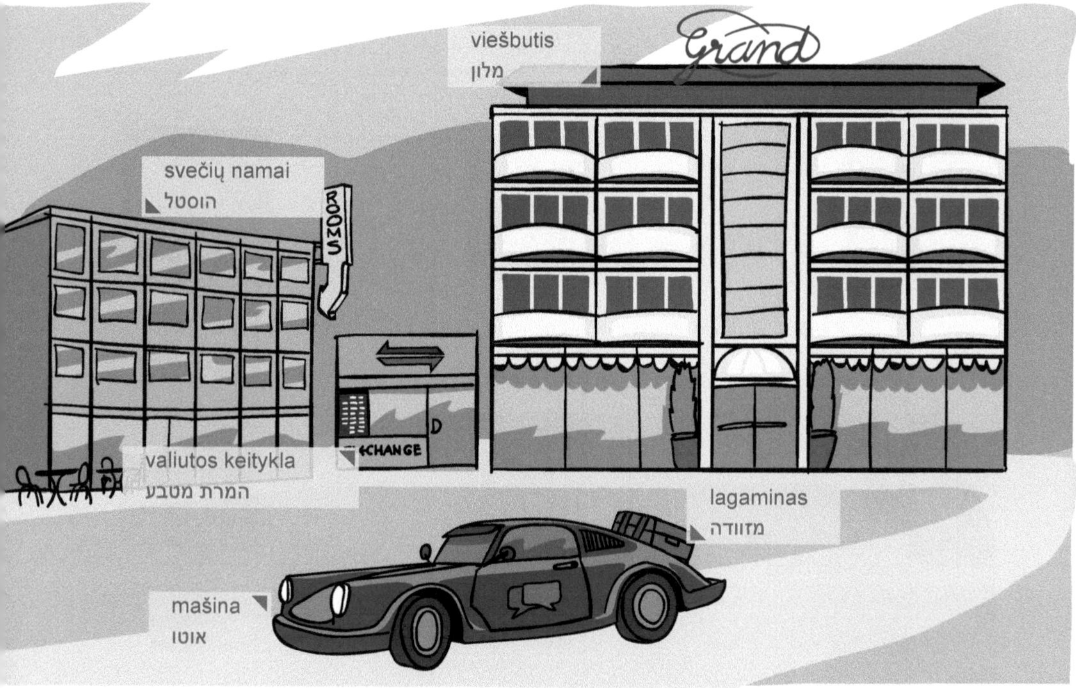
viešbutis
מלון
Grand
svečių namai
הוסטל
ROOMS
valiutos keitykla
המרת מטבע
EXCHANGE
lagaminas
מזוודה
mašina
אוטו

kalba

שפה

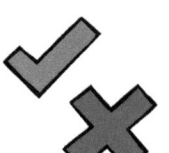

taip / ne

כן / לא

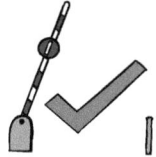

Gerai

בסדר

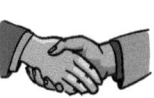

sveiki

שלום

vertėjas raštu

מתרגם

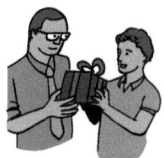

Ačiū

תודה

kiek kainuoja...?

כמה עולה.....?

aš nesuprantu

אני לא מבין

problema

בעיה

Labas vakaras!

ערב טוב!

Labas rytas!

בוקר טוב!

Labos nakties!

לילה טוב!

viso gero

להתראות

kryptis

כיוון

bagažas

כבודה

krepšys

תיק

kuprinė

תרמיל גב

svečias

אורח

kambarys

חדר

miegmaišis

שק שינה

palapinė

אוהל

turizmo informacija

מרכז מידע לתיירים

paplūdimys

חוף ים

kreditinė kortelė

כרטיס אשראי

pusryčiai

ארוחת בוקר

pietūs

ארוחת צהריים

vakarienė

ארוחת ערב

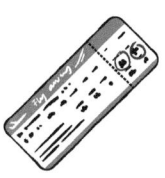

bilietas

כרטיס

liftas

מעלית

pašto ženklas

בול

siena

גבול

muitinė

מכס

ambasada

שגרירות

viza

אשרה

pasas

דרכון

transportas
תחבורה

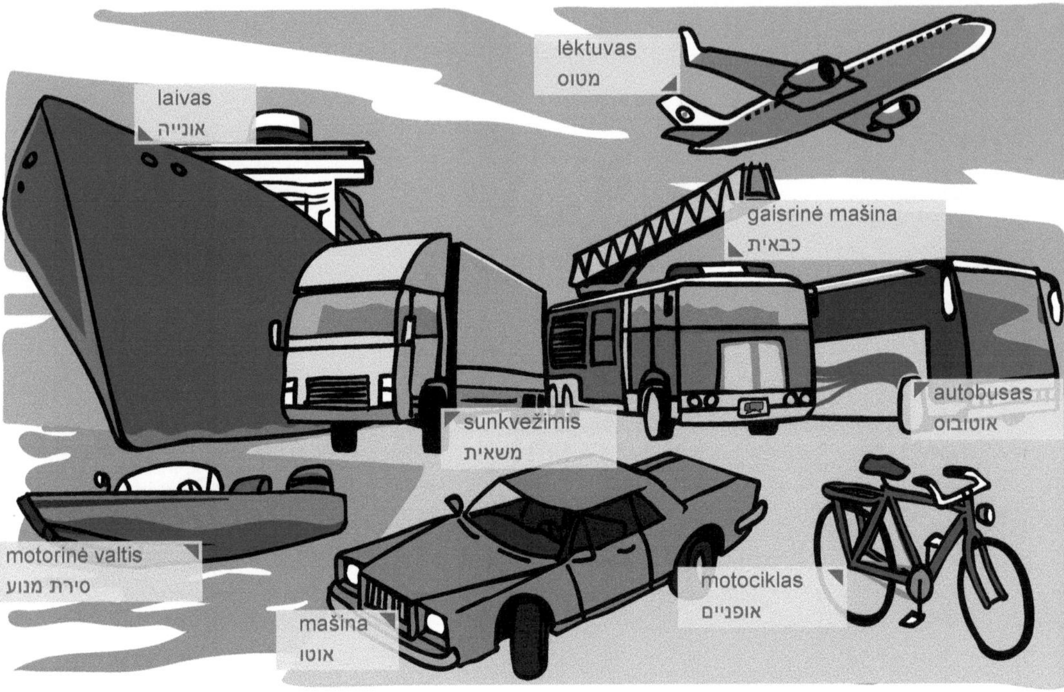
lėktuvas
מטוס
laivas
אונייה
gaisrinė mašina
כבאית
autobusas
אוטובוס
sunkvežimis
משאית
motorinė valtis
סירת מנוע
motociklas
אופניים
mašina
אוטו

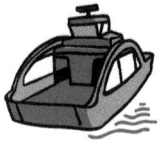

keltas
מעבורת

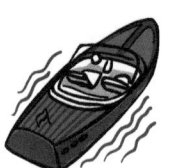

valtis
סירה

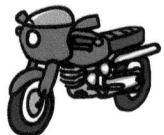

mopedas
אופנוע

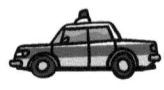

policijos automobilis
ניידת משטרה

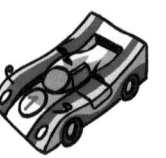

lenktyninis automobilis
מכונית מרוץ

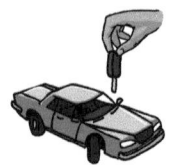

nuomojamas automobilis
רכב שכור

bendras automobilio
naudojimas

מכוניות בשיתוף

techninės pagalbos
automobilis

אוטו גרר

šiukšliavežė

משאית זבל

variklis

מנוע

degalai

דלק

degalinė

תחנת דלק

kelio ženklas

תמרור

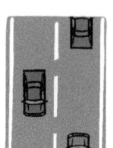

eismas

תנועה

eismo spūstis

פקק תנועה

mašinų stovėjimo aikštelė

חניה

traukinių stotis

תחנת רכבת

bėgiai

פסי רכבת

traukinys

רכבת

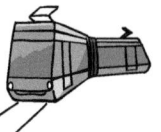

tramvajus

רכבת קלה

vagonas

קרון

sraigtasparnis

מסוק

oro uostas

שדה-תעופה

bokštas

מגדל

keleivis

נוסע

konteineris

קונטיינר

dėžė

קרטון

vežimėlis

עגלה

krepšys

סל

pakilti / nusileisti

המראה / נחיתה

miestas

עיר

kaimas

כפר

miesto centras

מרכז העיר

namas

בית

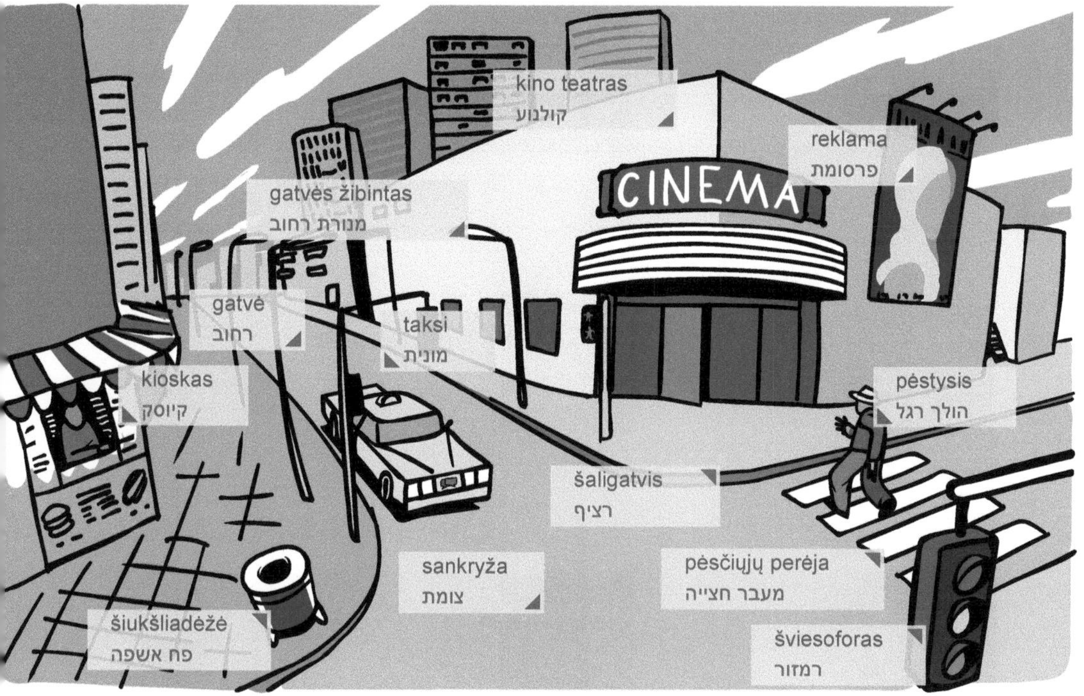
kino teatras
קולנוע
CINEMA
reklama
פרסומת
gatvės žibintas
מנורת רחוב
gatvė
רחוב
taksi
מונית
kioskas
קיוסק
pėstysis
הולך רגל
šaligatvis
רציף
sankryža
צומת
pėsčiųjų perėja
מעבר חצייה
šiukšliadėžė
פח אשפה
šviesoforas
רמזור

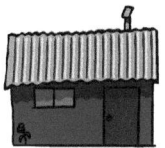

trobelė

בקתה

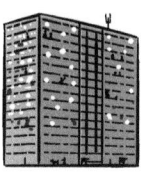

butas

דירה

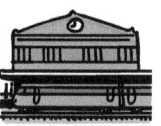

traukinių stotis

תחנת רכבת

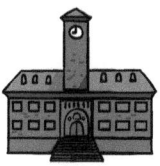

rotušė

עירייה

MUSEUM

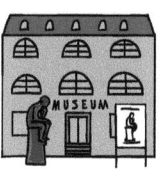

muziejus

מוזיאון

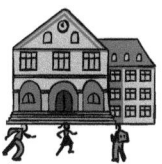

mokykla

בית ספר

universitetas

אוניברסיטה

bankas

בנק

ligoninė

בית חולים

viešbutis

מלון

vaistinė

בית מרקחת

biuras

משרד

knygynas

חנות ספרים

parduotuvė

חנות

gėlių parduotuvė

חנות פרחים

prekybos centras

סופרמרקט

turgus

שוק

universalinė parduotuvė

כל-בו

žuvies parduotuvė

מוכר דגים

prekybos centras

קניון

uostas

נמל

parkas

פארק

suoliukas

ספסל

tiltas

גשר

laiptai

מדרגות

metro

רכבת תחתית

tunelis

מנהרה

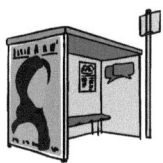

autobusų stotelė

תחנת אוטובוס

baras

בר

restoranas

מסעדה

lauko pašto dėžutė

תא דואר

kelio ženklas

שלט רחוב

parkomatas

מדחן

zoologijos sodas

גן חיות

baseinas

בריכת שחיה

mečetė

מסגד

ūkininko ūkis

חווה

tarša

זיהום

kapinės

בית עלמין

bažnyčia

כנסייה

žaidimų aikštelė

מגרש משחקים

šventykla

בית מקדש

kraštovaizdis

נוף

lapas
עלה

kelio rodyklė
תמרור

kelias
דרך

pieva
מרעה

akmuo
אבן

medis
עץ

ėjikas
מטייל

upė
נהר

žolė
דשא

gėlė
פרח

slėnis

בקעה

kalva

הר

ežeras

אגם

miškas

יער

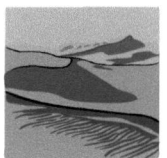

dykuma

מדבר

ugnikalnis

הר געש

pilis

טירה

vaivorykštė

קשת בענן

grybas

פטריה

palmė

דקל

uodas

יתוש

musė

זבוב

skruzdėlė

נמלה

bitė

דבורה

voras

עכביש

vabalas

חיפושית

varlė

צפרדע

voverė

סנאי

ežys

קיפוד

kiškis

ארנב

pelėda

ינשוף

paukštis

ציפור

gulbė

ברבור

šernas

חזיר בר

elnias

צבי

briedis

אייל הקורא

užtvanka

סכר

vėjo jėgainė

טורבינת רוח

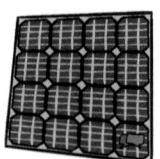

saulės baterija

פנל סולארי

klimatas

אקלים

restoranas
מסעדה

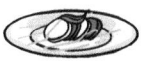

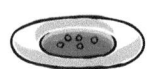

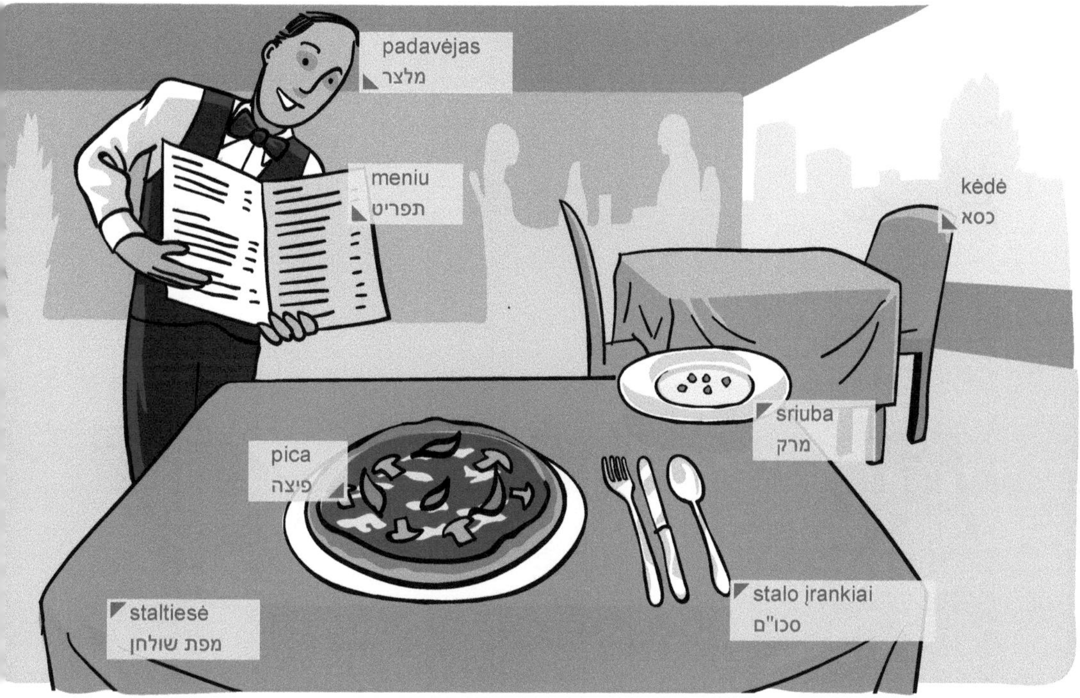
padavėjas
מלצר
meniu
תפריט
kėdė
כסא
sriuba
מרק
pica
פיצה
staltiesė
מפת שולחן
stalo įrankiai
סכו"ם

užkandis
מנת פתיחה

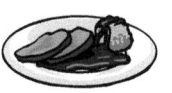

pagrindinis patiekalas
מנה עיקרית

desertas
קינוח

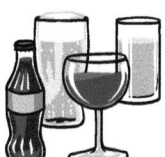

gėrimai
שתיות

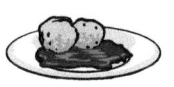

maistas
אוכל

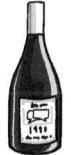

butelis
בקבוק

greitai pateikiamas maistas

מזון מהיר

gatvės maistas

אוכל רחוב

arbatinukas

קנקן תה

cukrinė

מסכרת

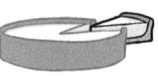

porcija

מנה

espreso aparatas

מכונת אספרסו

aukšta kėdė

כסא תינוק

sąskaita

חשבון

padėklas

מגש

peilis

סכין

šakutė

מזלג

šaukštas

כף

arbatinis šaukštelis

כפית

servetėlė

מפית

stiklinė

כוס

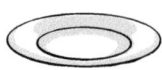

lėkštė

צלחת

sriubos lėkštė

קערת מרק

padėklas

תחתית

padažas

רוטב

druskinė

מלחייה

pipirų malūnėlis

מטחנת פלפל

actas

חומץ

aliejus

שמן

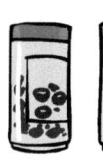

prieskoniai

תבלינים

kečupas

קטשופ

garstyčios

חרדל

majonezas

מיונז

prekybos centras

סופרמרקט

specialus pasiūlymas
מבצע
FOR
pirkėjas
לקוח
pieno produktai
מוצרי חלב
vaisiai
פירות
troleibusas
עגלת קניות

BUTCHERS

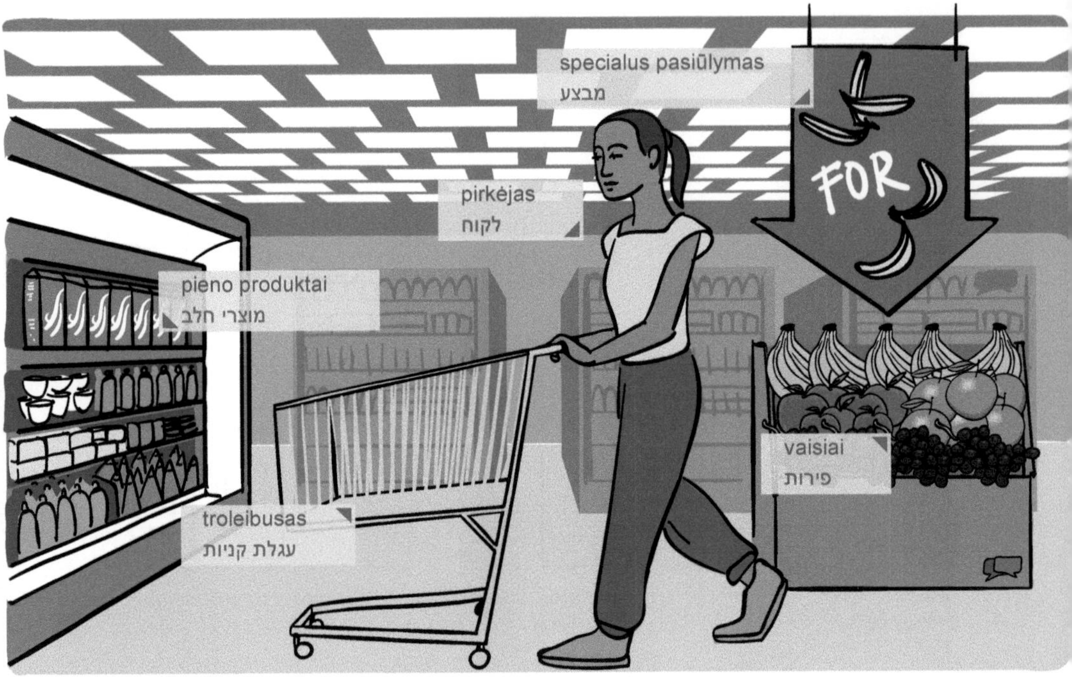

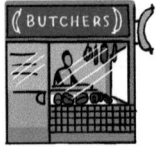

mėsos parduotuvė

אטליז

BAKERY

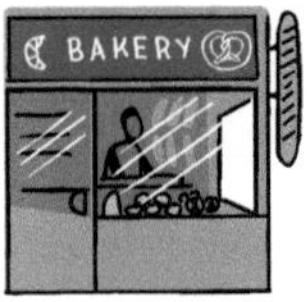

kepykla

מאפייה

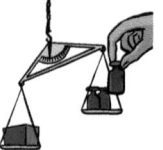

sverti

שקל

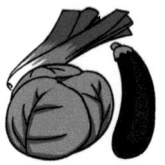

daržovės

ירקות

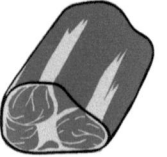

mėsa

בשר

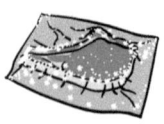

šaldytas maistas

מזון קפוא

šalti mėsos užkandžiai

בשר קר

konservai

שימורים

skalbimo milteliai

אבקת כביסה

saldumynai

ממתקים

ūkinės prekės

מוצרי בית

valymo priemonės

חומר ניקוי

pardavėja

מוכרת

kasos aparatas

קופה

kasininkas

קופאי

pirkinių sąrašas

רשימת קניות

darbo valandos

שעות פתיחה

piniginė

ארנק

kreditinė kortelė

כרטיס אשראי

maišelis

תיק

plastikinis maišelis

שקית נילון

vanduo

מים

sultys

מיץ

pienas

חלב

kola

קולה

vynas

יין

alus

בירה

alkoholis

אלכוהול

kakava

קקאו

arbata

תה

kava

קפה

espresas

אספרסו

kapučinas

קפוצ'ינו

bananas

בננה

obuolys

תפוח

apelsinas

תפוז

arbūzas

אבטיח

citrina

לימון

morka

גזר

česnakas

שום

bambukas

במבוק

svogūnas

בצל

grybas

פטריות

riešutai

אגוזים

makaronai

אטריות

spagečiai

ספגטי

ryžiai

אורז

salotos

סלט

traškučiai

צ'יפס

keptos bulvės

צ'יפס

pica

פיצה

mėsainis

המבורגר

sumuštinis

כריך

pjausnys

שניצל

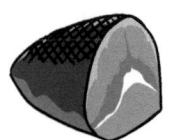

kumpis

שינקין

saliamis

סלאמי

dešrelė

נקניקיה

vištiena

עוף

kepsnys

טיגון

žuvis

דג

avižų dribsniai

שיבולת שועל

dribsniai su priedais

מוזלי

kukurūzų dribsniai

קורנפלקס

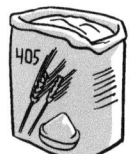

miltai

קמח

prancūziškasis ragelis

קרואסון

bandelė

לחמנייה

duona

לחם

skrebutis

טוסט

sausainiai

עוגיות

sviestas

חמאה

varškė

גבינה לבנה

tortas

עוגה

kiaušinis

ביצה

kiaušinienė

ביצת עין

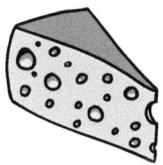

sūris

גבינה

ledai

גלידה

cukrus

סוכר

medus

דבש

uogienė

ריבה

tepamas šokoladas

ממרח נוגט

karis

קארי

ūkininko ūkis

חווה

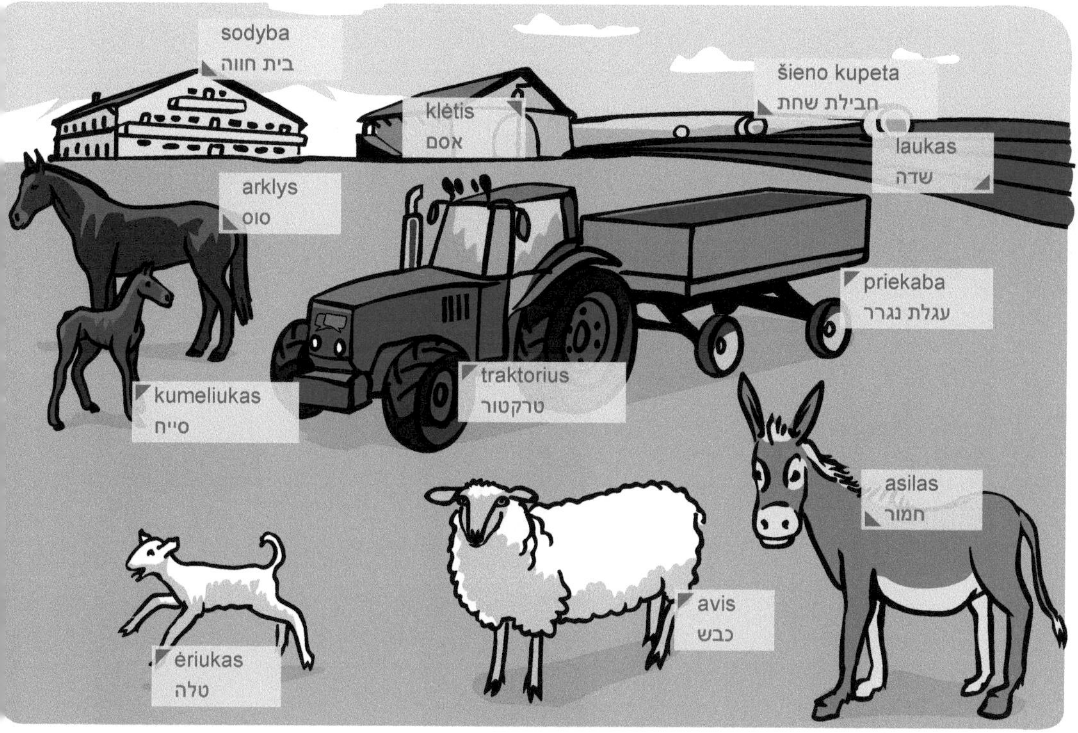
sodyba
בית חווה
klėtis
אסם
šieno kupeta
חבילת שחת
laukas
שדה
arklys
סוס
priekaba
עגלת נגרר
traktorius
טרקטור
kumeliukas
סייח
asilas
חמור
avis
כבש
ėriukas
טלה

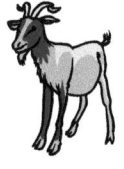

ožys

עז

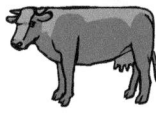

karvė

פרה

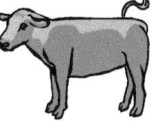

veršis

עגל

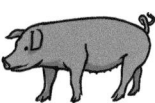

kiaulė

חזיר

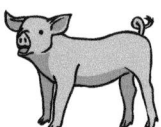

paršelis

חזרזיר

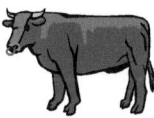

bulius

שור

žąsis

אווז

antis

ברווז

viščiukas

אפרוח

višta

תרנגולת

gaidys

תרנגול

žiurkė

חולדה

katė

חתול

pelė

עכבר

jautis

שור

šuo

כלב

šuns būda

מלונה

sodo namas

צינור השקיה

laistytuvas

קנקן מים

dalgis

חרמש

plūgas

מחרשה

pjautuvas

מגל

kauptukas

מגרפה

šakės

קלשון

kirvis

גרזן

statinė

מריצה

lovys

שוקת

bidonas

כד חלב

maišas

שק

tvora

גדר

arklidė

אורווה

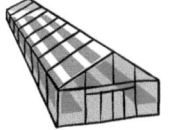

šiltnamis

חממה

dirva

אדמה

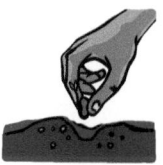

sėkla

זרע

trąšos

דשן

kombainas

מקצרה

rinkti

קצר

derlius

קציר

saldžiosios bulvės

בטטה אפריקנית

kviečiai

חיטה

soja

סויה

bulvė

תפוח אדמה

kukurūzai

תירס

rapsai

קנולה

vaismedis

עץ פירות

manijokas

קסבה

grūdai

דגנים

namas

בית

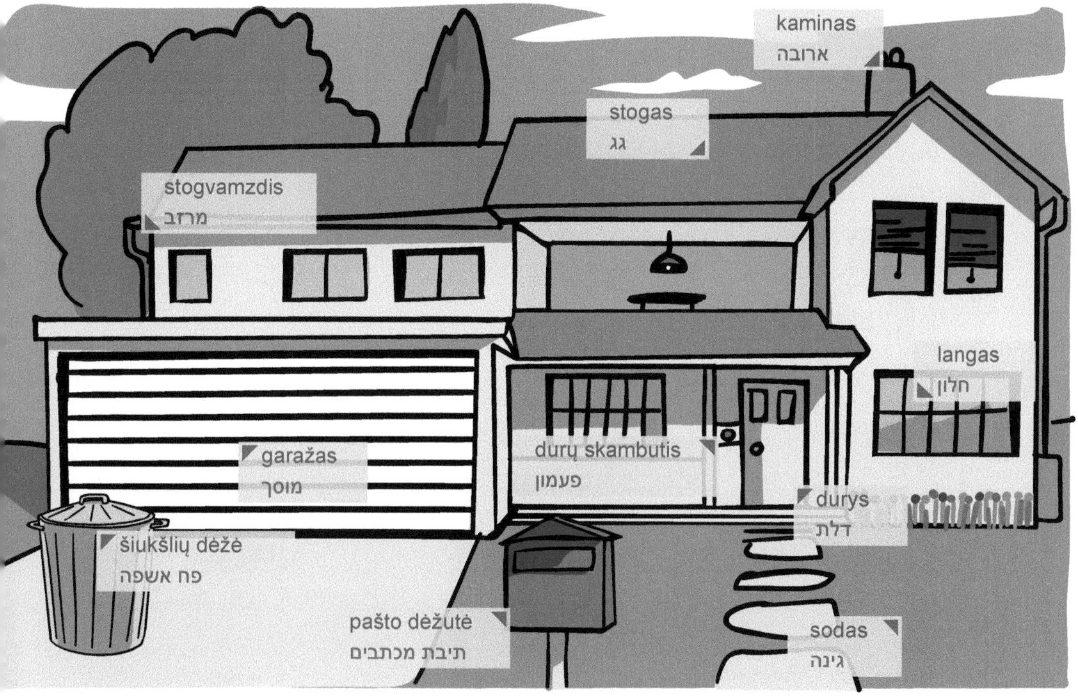
kaminas
ארובה
stogas
גג
stogvamzdis
מרזב
langas
חלון
garažas
מוסך
durų skambutis
פעמון
durys
דלת
šiukšlių dėžė
פח אשפה
pašto dėžutė
תיבת מכתבים
sodas
גינה

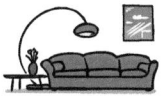

svetainė

סלון

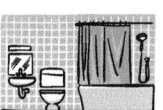

vonios kambarys

חדר אמבטיה

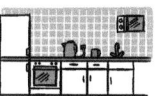

virtuvė

מטבח

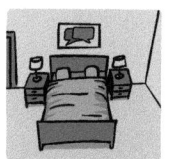

miegamasis

חדר שינה

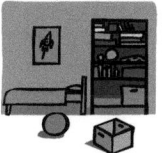

vaiko kambarys

חדר ילדים

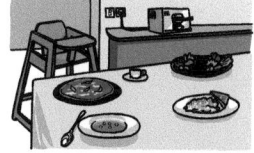

valgomasis

חדר אוכל

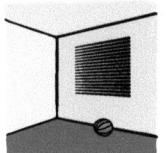

grindys

רצפה

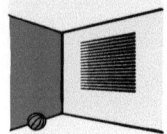

siena

קיר

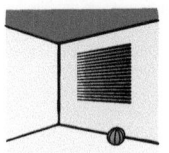

lubos

תקרה

rūsys

מרתף

sauna

סאונה

balkonas

מרפסת

terasa

מרפסת

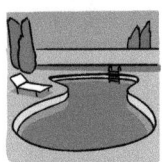

baseinas

בריכה

žoliapjovė

מכסחת דשא

paklodė

סדין

lovatiesė

כיסוי מיטה

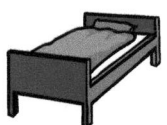

lova

מיטה

šluota

מטאטא

kibiras

דלי

jungiklis

מפסק

svetainė

סלון

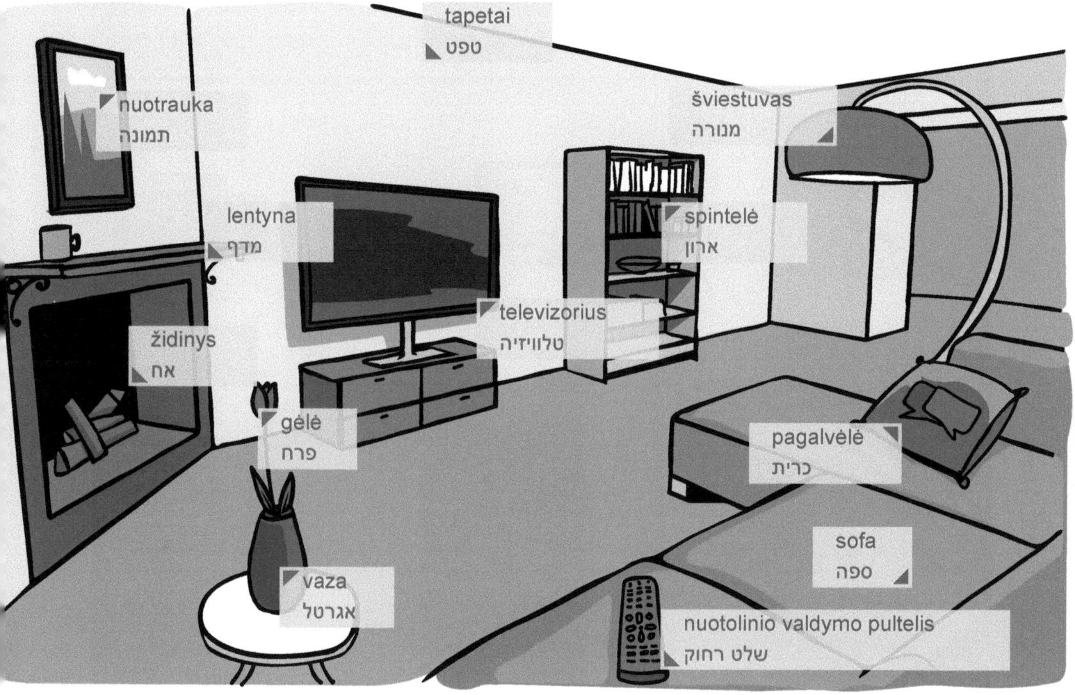

tapetai
טפט
nuotrauka
תמונה
šviestuvas
מנורה
lentyna
מדף
spintelė
ארון
televizorius
טלוויזיה
židinys
אח
gėlė
פרח
pagalvėlė
כרית
sofa
ספה
vaza
אגרטל
nuotolinio valdymo pultelis
שלט רחוק

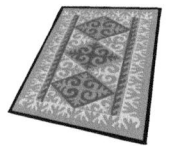

kilimas

שטיח

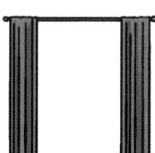

užuolaida

וילון

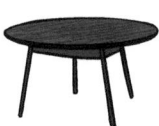

stalas

שולחן

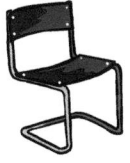

kėdė

כסא

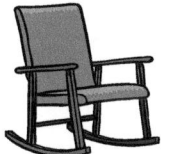

supamasis krėslas

כיסא נדנדה

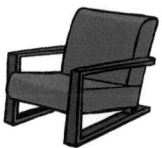

fotelis

כורסה

knyga

ספר

antklodė

שמיכה

papuošimai

דקורציה

malkos

עצי הסקה

filmas

סרט

stereo aparatūra

מערכת סטריאו

raktas

מפתח

laikraštis

עיתון

paveikslas

ציור

plakatas

פוסטר

radijas

רדיו

užrašų knygelė

מחברת

dulkių siurblys

שואב אבק

kaktusas

קקטוס

žvakė

נר

virtuvė
מטבח

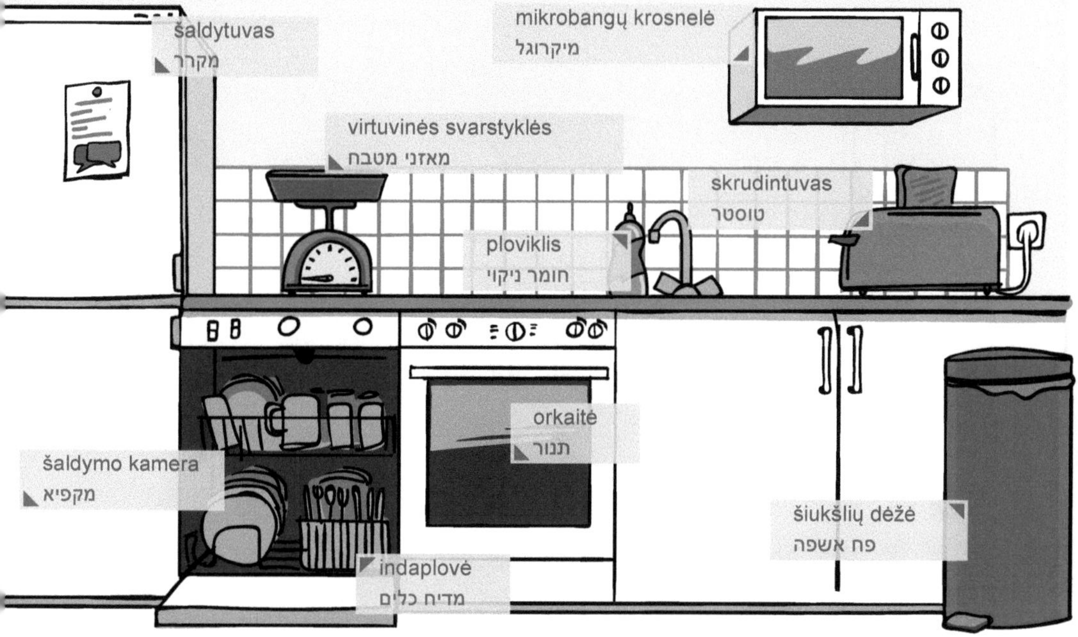
šaldytuvas
מקרר
mikrobangų krosnelė
מיקרוגל
virtuvinės svarstyklės
מאזני מטבח
skrudintuvas
טוסטר
ploviklis
חומר ניקוי
orkaitė
תנור
šaldymo kamera
מקפיא
šiukšlių dėžė
פח אשפה
indaplovė
מדיח כלים

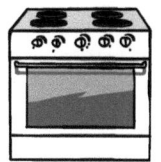

viryklė
תנור

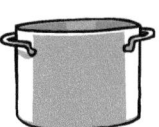

puodas
סיר

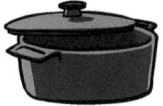

ketaus puodas
סיר ברזל

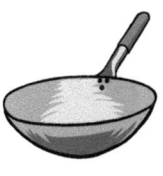

„wok“ keptuvė
ווק

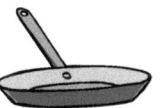

keptuvė
מחבת

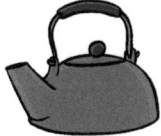

virdulys
קומקום חשמלי

garų puodas

מאדה

kepimo skarda

מגש אפייה

porceliano indai

כלי אוכל

puodelis

ספל

dubuo

קערה

valgomosios lazdelės

צ'ופסטיקס

samtis

מצקת

mentelė

מרית

plaktuvas

מטרפה

koštuvas

מסננת בישול

sietas

מסננת

trintuvė

מגרדת

grūstuvė

מכתש

kepsninė

גריל

atvira liepsna

מדורה

pjaustymo lentelė

קרש חיתוך

kočėlas

מערוך

kamščiatraukis

פותחן פקקים

skardinė

פחית

skardinių atidarytuvas

פותחן קופסאות

puodkėlė

מטלית

kriauklė

כיור

šepetys

מברשת

kempinė

ספוג

trintuvas

בלנדר

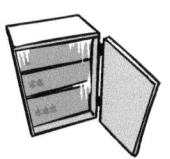

šaldiklis

מקפיא

kūdikių buteliukas

בקבוק לתינוק

čiaupas

ברז

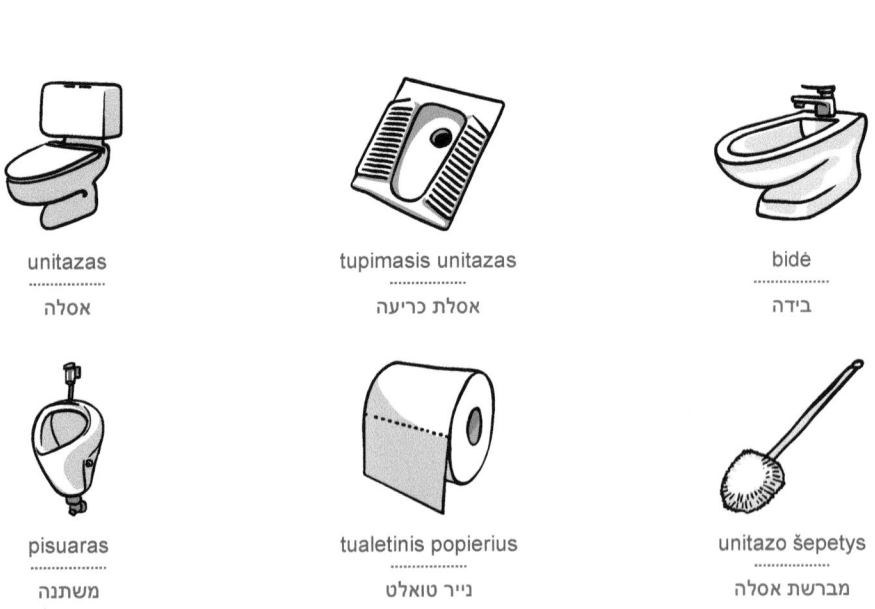

vonios kambarys
חדר אמבטיה

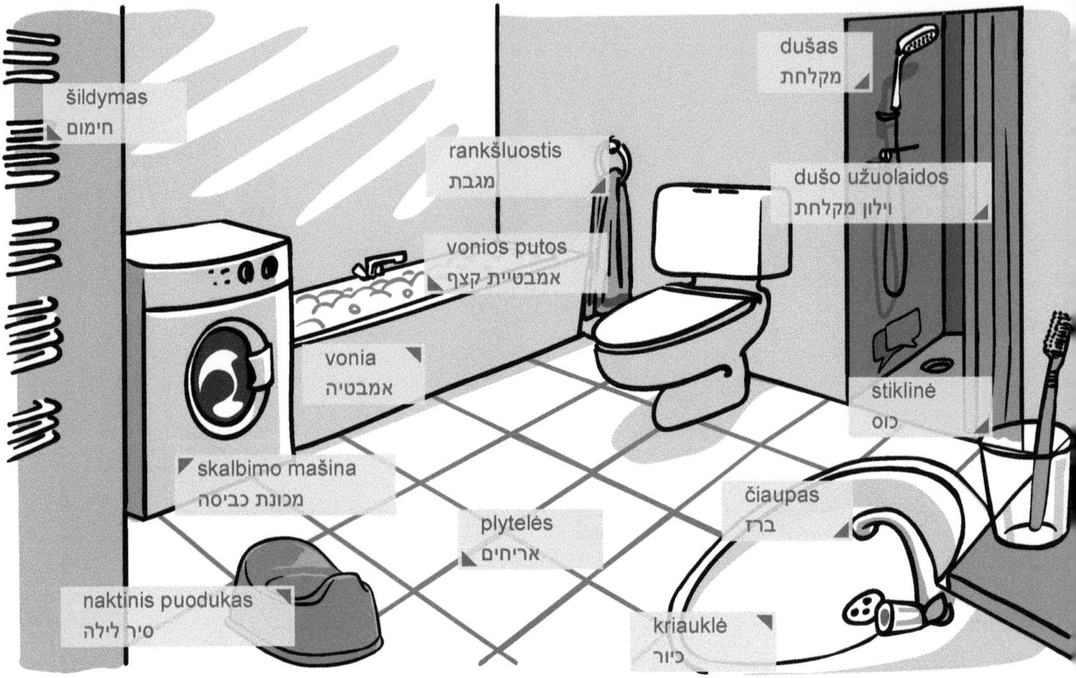
šildymas
חימום
rankšluostis
מגבת
vonios putos
אמבטיית קצף
vonia
אמבטיה
skalbimo mašina
מכונת כביסה
naktinis puodukas
סיר לילה
plytelės
אריחים
dušas
מקלחת
dušo užuolaidos
וילון מקלחת
stiklinė
כוס
čiaupas
ברז
kriauklė
כיור

unitazas

אסלה

tupimasis unitazas

אסלת כריעה

bidė

בידה

pisuaras

משתנה

tualetinis popierius

נייר טואלט

unitazo šepetys

מברשת אסלה

dantų šepetėlis

מברשת שיניים

dantų pasta

משחת שיניים

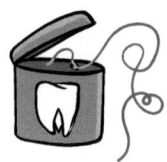

dantų siūlas

חוט דנטלי

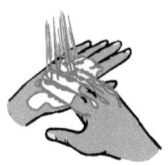

plauti

שטף

dušo galvutė

מקלחת יד

higieninis dušas

צינור שטיפה לשירותים

praustuvas

קערת רחצה

nugaros plaušinė

מברשת גב

muilas

סבון

dušo želė

ג'ל רחצה

šampūnas

שמפו

plaušinė

ליפה

kanalizacija

ניקוז

kremas

קרם

dezodorantas

דיאודורנט

veidrodis

מראה

veidrodėlis

מראת יד

skustuvas

סכין גילוח

skutimosi putos

קצף גילוח

losjonas po skutimosi

אפטרשייב

šukos

מסרק

šepetys

מברשת

plaukų džiovintuvas

מייבש שיעור

plaukų lakas

ספריי לשיער

makiažas

איפור

lūpdažis

שפתון

nagų lakas

לק

vata

צמר גפן

žirklutės nagams

מספריים לציפורניים

kvepalai

בושם

maišelis skalbiniams
תיק כלי רחצה

taburetė
שרפרף

svarstyklės
משקל

chalatas
חלוק רחצה

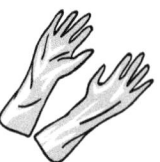

guminės pirštinės
כפפות גומי

tamponas
טמפון

higieninis įklotas
תחבושת סניטרית

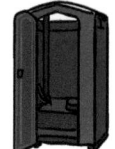

biotualetas
שירותים כימיקליים

vaiko kambarys

חדר ילדים

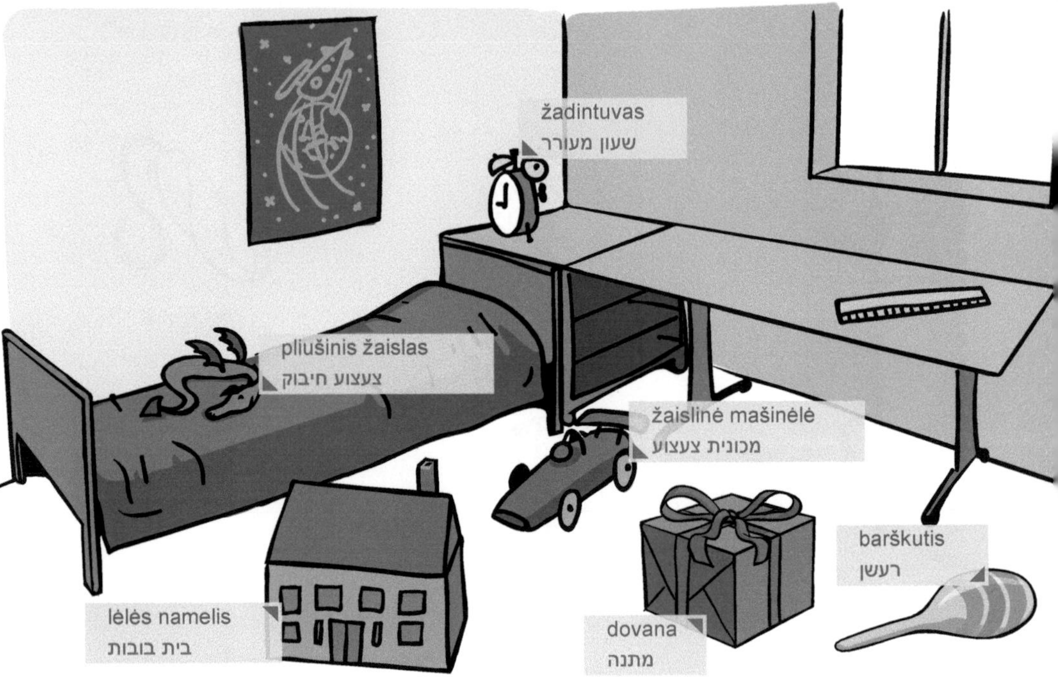
žadintuvas
שעון מעורר
pliušinis žaislas
צעצוע חיבוק
žaislinė mašinėlė
מכונית צעצוע
barškutis
רעשן
lėlės namelis
בית בובות
dovana
מתנה

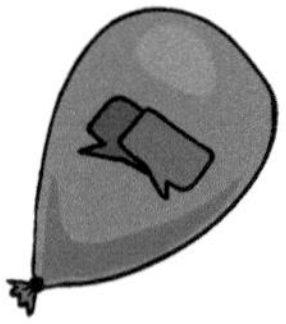

balionas

בלון

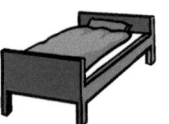

lova

מיטה

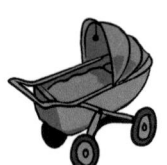

vaikiškas vežimėlis

עגלה

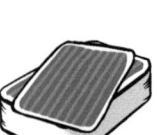

kortų malka

משחק קלפים

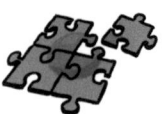

delionė

פאזל

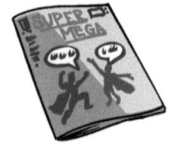

komiksai

קומיקס

lego kaladėlės

לגו

žaislinės kaladėlės

קוביות משחק

figūrėlė

דמות משחק

šliaužtinukai

סרבל תינוקות

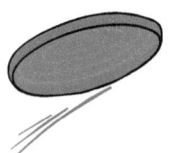

mėtymo lėkštė

פריזבי

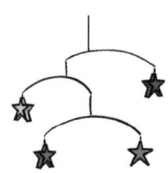

karuselė

נייד

stalo žaidimas

משחק לוח

kauliukai

קוביה

žaislinis traukinys

רכבת צעצוע

žindukas

מוצץ

vakarėlis

מסיבה

paveiksliukų knygelė

אלבום תמונות

kamuolys

כדור

lėlė

בובה

žaisti

שיחק

smėlio dėžė

ארגז חול

sūpynės

נדנדה

žaislai

צעצועים

žaidimų konsolė

קונסולות משחקים

triratukas

אופניים תלת גלגלי

meškiukas

דובון

drabužių spinta

ארון בגדים

drabužis

בגדים

kojinės

גרביים

kojinės virš kelių

גרביונים

pėdkelnės

גרביון

šalikas
צעיף

skėtis
מטריה

marškinėliai
חולצת טי

diržas
חגורה

ilgaauliai batai
מגפיים

šlepetės
נעלי בית

sportbačiai
נעלי ספורט

sandalai
......
סנדלים

batai
......
נעליים

guminiai batai
......
מגפי גומי

trumpikės
......
תחתונים

liemenėlė
......
חזייה

liemenė
......
וסט

glaustinukė

גוף

kelnės

מכנסיים

džinsai

ג'ינס

sijonas

חצאית

palaidinė

חולצה מכופתרת

marškiniai

חולצה

megztinis

אפודה

megztinis su gobtuvu

סווצ'ר עם קפוצ'ון

švarkelis

בלייזר

švarkas

ז'קט

paltas

מעיל

lietpaltis

מעיל גשם

kostiumas

תלבושת

suknelė

שמלה

vestuvinė suknelė

שמלת כלה

kostiumas

חליפה

naktiniai marškiniai

כותונת לילה

pižama

פיג'מה

saris

סארי

skarelė

מטפחת ראש

tiurbanas

טורבן

burka

בורקה

kaftanas

קאפטן

abaja

עבאיה

maudymosi kostiumėlis

בגד ים

glaudės

בגד ים

šortai

מכנסיים קצרים

sportinis kostiumas

בגד אימון

prijuostė

סינר

pirštinės

כפפות

saga

כפתור

akiniai

משקפיים

apyrankė

צמיד יד

vėrinys

שרשרת

žiedas

טבעת

auskaras

עגיל

kepurė

כובע

pakabas

קולב

skrybėlė

כובע

kaklaraištis

עניבה

užtrauktukas

רוכסן

šalmas

קסדה

breketai

כתפיות

mokyklinė uniforma

תלבושת בית ספר

uniforma

מדים

seilinukas

מפית אוכל

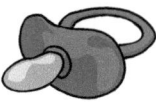

žindukas

מוצץ

vystyklai

חיתול

biuras

משרד

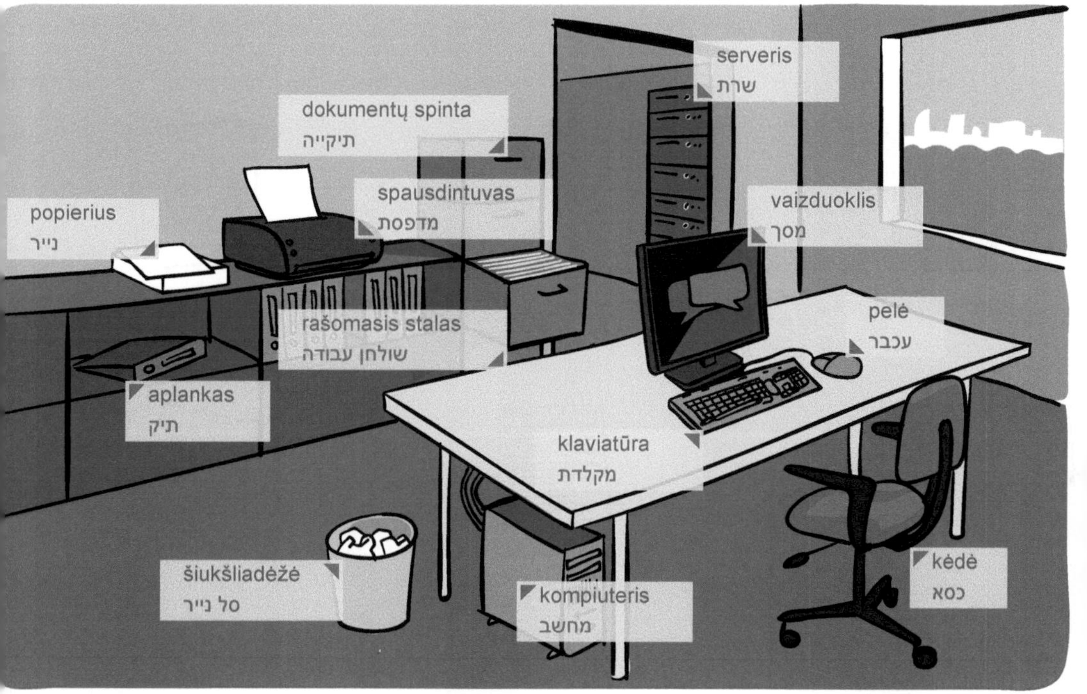

serveris
שרת

dokumentų spinta
תיקייה

spausdintuvas
מדפסת

vaizduoklis
מסך

popierius
נייר

rašomasis stalas
שולחן עבודה

pelė
עכבר

aplankas
תיק

klaviatūra
מקלדת

šiukšliadėžė
סל נייר

kédė
כסא

kompiuteris
מחשב

kavos puodelis

ספל קפה

kalkuliatorius

מחשבון

internetas

אינטרנט

nešiojamasis kompiuteris

מחשב נייד

laiškas

מכתב

žinutė

הודעה

mobilusis telefonas

נייד

tinklas

רשת

fotokopijavimo aparatas

מכונת צילום

programinė įranga

תוכנה

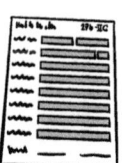

telefonas

טלפון

kištukinis lizdas

שקע

faksas

פקס

forma

טופס

dokumentas

מסמך

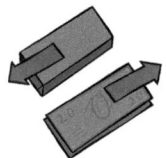

pirkti

קנה

mokėti

שילם

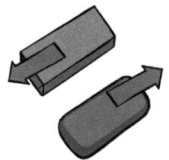

prekiauti

סחר

pinigai

כסף

doleris

דולר

euras

יורו

jena

ין

rublis

רובל

Šveicarijos frankas

פרנק שווייצרי

juanis

יואן רנמינבי

rupija

רופי

bankomatas

כספומט

valiutos keitykla

המרת מטבע

auksas

זהב

sidabras

כסף

nafta

נפט

energija

אנרגיה

kaina

מחיר

sutartis

חוזה

mokestis

מס

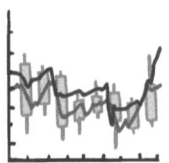

akcijos

מנייה

dirbti

עבד

darbuotojas

עובד

darbdavys

מעסיק

gamykla

מפעל

parduotuvė

חנות

profesijos
מקצועות

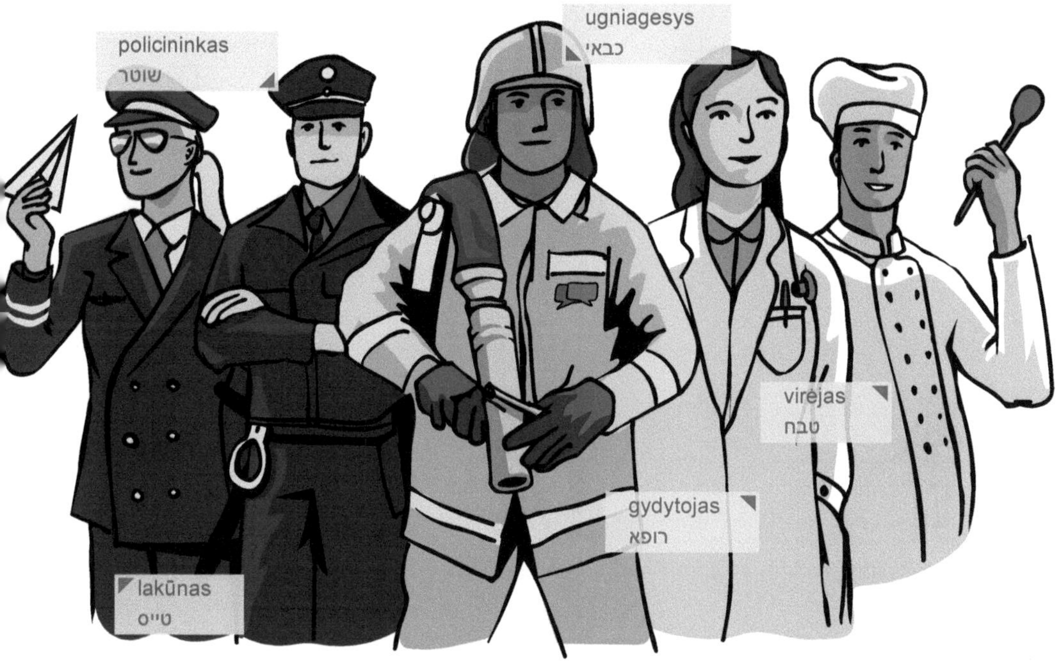
policininkas
שוטר
ugniagesys
כבאי
virėjas
טבח
gydytojas
רופא
lakūnas
טייס

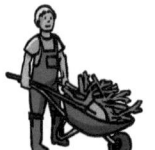

sodininkas

גנן

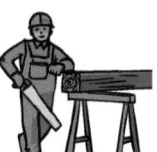

stalius

נגר

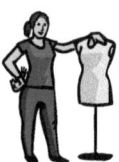

siuvėja

תופרת

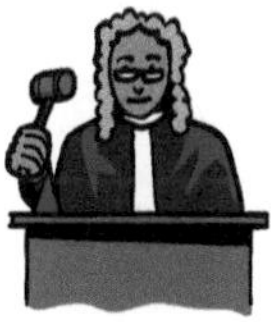

teisėjas

שופט

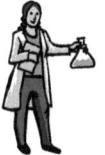

chemikas

כימאי

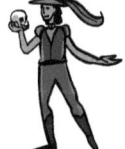

aktorius

שחקן

autobuso vairuotojas

נהג אוטובוס

taksi vairuotojas

נהג מונית

žvejys

דייג

valytoja

עובדת נקיון

stogdengys

מתקן גגות

padavėjas

מלצר

medžiotojas

צייד

dailininkas

צייר

kepėjas

אופה

elektrikas

חשמלאי

statybininkas

עובד בניין

inžinierius

מהנדס

mėsininkas

קצב

santechnikas

אינסטלטור

paštininkas

דוור

kareivis

חייל

architektas

אדריכל

kasininkas

קופאי

gėlininkas

מוכר פרחים

kirpėjas

ספר

konduktorius

כרטיסן

mechanikas

מכונאי

kapitonas

קברניט

odontologas

רופא שיניים

mokslininkas

מדען

rabinas

רב

imamas

אימאם

vienuolis

נזיר

kunigas

כומר

įrankiai
כלי עבודה

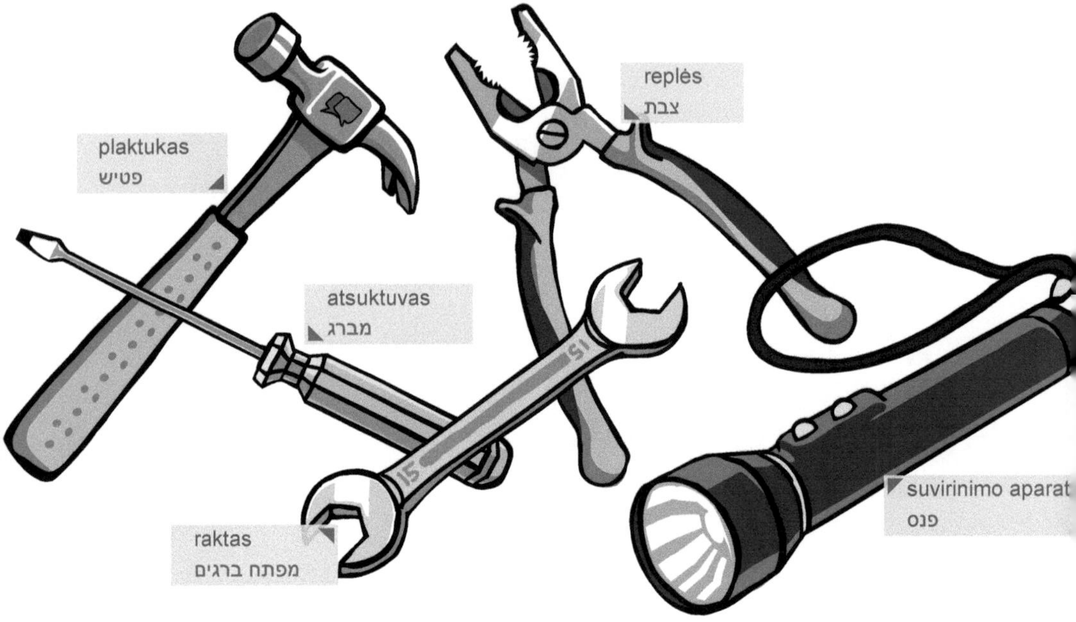

plaktukas
פטיש
replės
צבת
atsuktuvas
מברג
raktas
מפתח ברגים
suvirinimo aparat
פנס

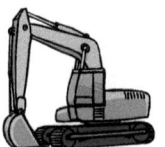

ekskavatorius

דחפור

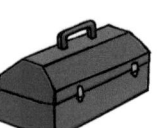

įrankių dėžė

ארגז כלים

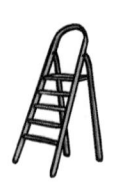

kopėčios

סולם

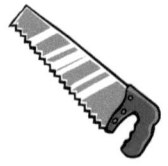

pjūklas

מסור

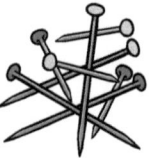

vinys

מסמרים

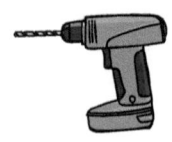

grąžtas

מקדחה

taisyti

תיקון

kastuvas

את חפירה

Velniava!

לעזאזל!

semtuvėlis

יעה

dažų skardinė

פח צבע

varžtai

ברגים

muzikos instrumentai

כלי נגינה

būgnų rinkinys
מערכת תופים

garsiakalbis
רמקול

gitara
גיטרה

kontrabosas
קונטראבס

trimitas
חצוצרה

pianinas

פסנתר

smuikas

כינור

bosinė gitara

בס

timpanas

תוף הדוד

būgnai

תופים

sintezatorius

מקלדת פסנתר

saksofonas

סקסופון

fleita

חליל

mikrofonas

מיקרופון

tigras
נמר

jėjimas
כניסה

narvas
כלוב

zebras
זברה

gyvūnų pašaras
מזון לחיות

panda
פנדה

gyvūnai

בעלי חיים

dramblys

פיל

kengūra

קנגרו

raganosis

קרנף

gorila

גורילה

meška

דוב

kupranugaris

גמל

strutis

יען

liūtas

אריה

beždžionė

קוף

flamingas

פלמינגו

papūga

תוכי

baltoji meška

דוב הקרח

pingvinas

פינגווין

ryklys

כריש

povas

טווס

gyvatė

נחש

krokodilas

תנין

zoologijos sodo prižiūrėtojas

שומר גן החיות

ruonis

כלב ים

jaguaras

יגואר

ponis

סוס פוני

leopardas

לאופרד

begemotas

היפופוטאם

žirafa

ג'ירפה

erelis

נשר

šernas

חזיר בר

žuvis

דג

vėžlys

צב

vėplys

סוס ים

lapė

שועל

gazelė

אײלה

amerikietiškas futbolas
פוטבול אמריקאי

dviračių sportas
רכיבת אופניים

tenisas
טניס

krepšinis
כדורסל

plaukimas
שחיה

boksas
אגרוף

ledo ritulys
הוקי

futbolas
כדורגל

badmintonas
בדמינטון

atletika
אתלטיקה

rankinis
כדור-יד

slidinėjimas
עשה סקי

polas
פולו

šokinėti
קפץ

apkabinti
חיבק

juoktis
צחק

vaikščioti
הלך

dainuoti
שר

svajoti
חלם

melstis
התפלל

bučiuoti
נשק

rašyti
כתב

piešti
צייר

rodyti
הראה

stumti
דחף

duoti
נתן

imti
לקח

turėti

יש / להיות הבעלים

daryti

עשה

būti

היה

stovėti

עמד

bėgti

רץ

traukti

משך

mesti

זרק

kristi

נפל

meluoti

שכב

laukti

חיכה

nešti

סחב

sėdėti

ישב

rengtis

התלבש

miegoti

ישן

pabusti

התעורר

žiūrėti

הסתכל ב-

verkti

בכה

glostyti

ליטף

šukuoti

סירק

kalbėti

דיבר

suprasti

הבין

paklausti

שאל

klausytis

שמע

gerti

שתה

valgyti

אכל

tvarkytis

סידר

mylėti

אהב

gaminti

בישל

vairuoti

נהג

skristi

עף

buriuoti

שט

skaičiuoti

חישב

skaityti

קרא

mokytis

למד

dirbti

עבד

vesti

התחתן

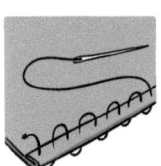

siūti

תפר

valytis dantis

צחצח שיניים

žudyti

הרג

rūkyti

עישן

siųsti

שלח

šeima

משפחה

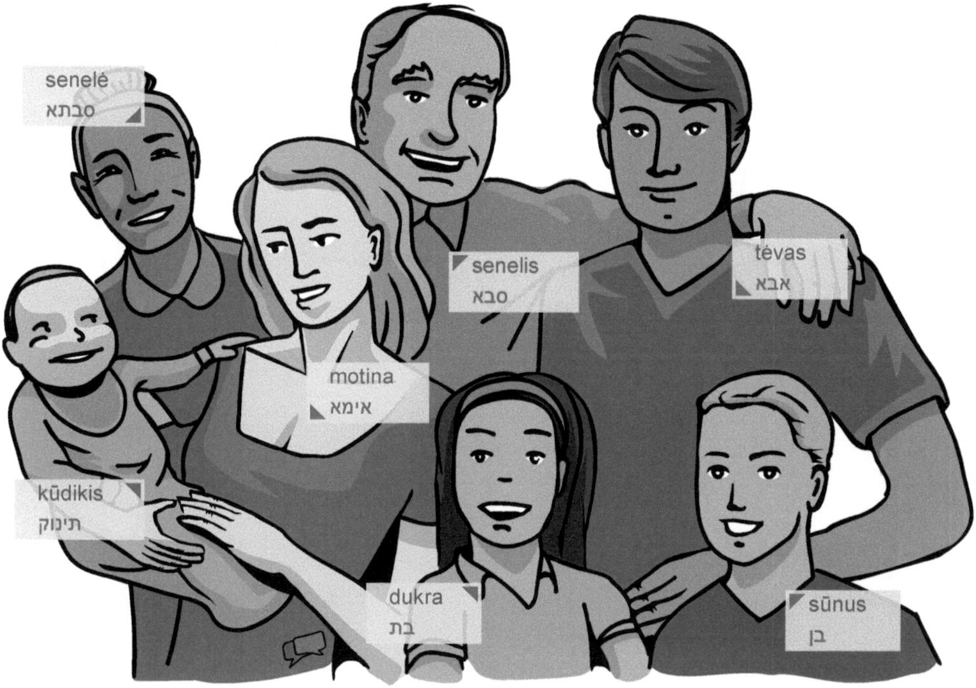

senelė
סבתא
senelis
סבא
tėvas
אבא
motina
אימא
kūdikis
תינוק
dukra
בת
sūnus
בן

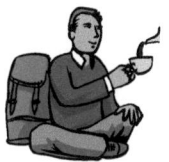

svečias

אורח

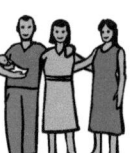

teta

דודה

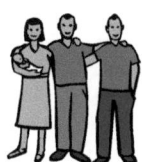

dėdė

דוד

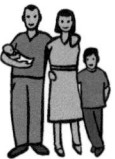

brolis

אח

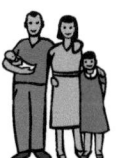

sesuo

אחות

kūnas

גוף

kakta
מצח
akis
עין
petys
כתף
pirštas
אצבע
veidas
פנים
smakras
סנטר
plaštaka
כף יד
krūtinė
חזה
koja
רגל
ranka
זרוע

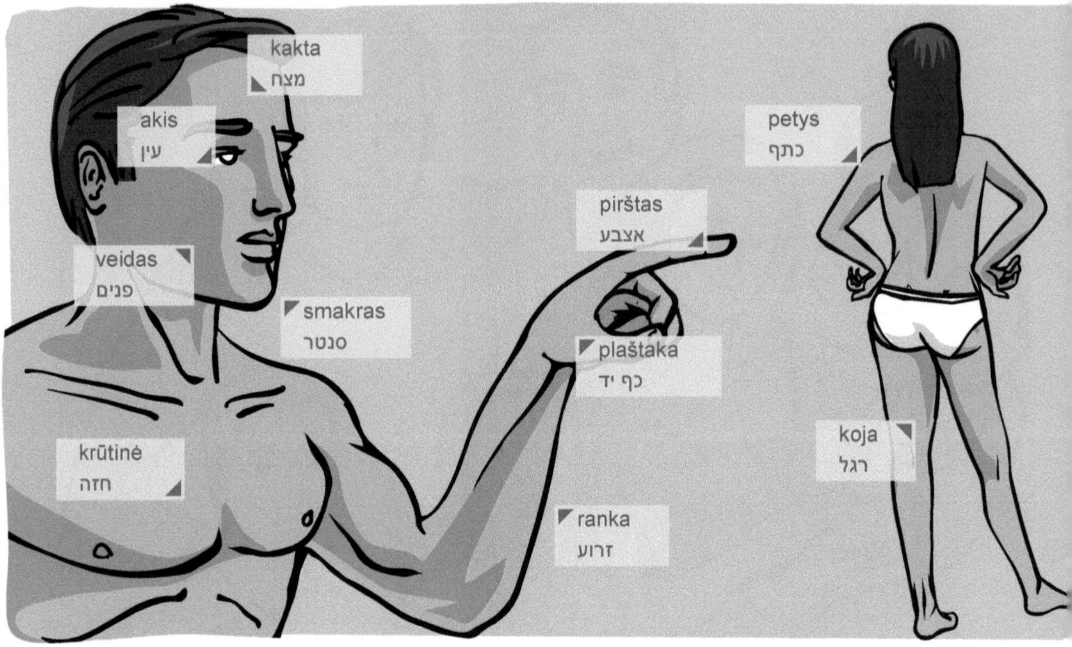

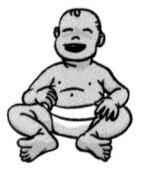

kūdikis

תינוק

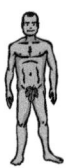

vyras

איש

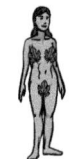

moteris

אישה

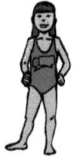

mergaitė

ילדה

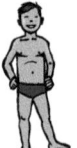

berniukas

ילד

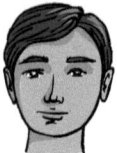

galva

ראש

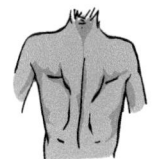

nugara

גב

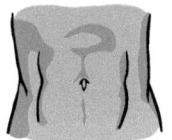

pilvas

בטן

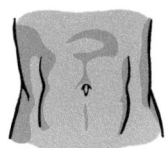

bamba

טבור

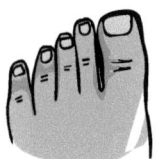

kojos pirštas

אצבע

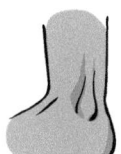

kulnas

עקב

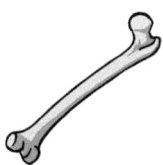

kaulas

עצם

klubas

ירך

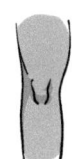

kelis

ברך

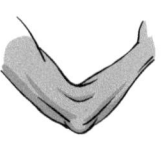

alkūnė

מרפק

nosis

אף

sėdmenys

עכוז

oda

עור

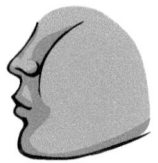

skruostas

לחי

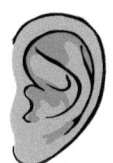

ausis

אוזן

lūpa

שפתיים

burna

פה

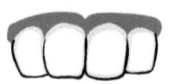

dantis

שן

liežuvis

לשון

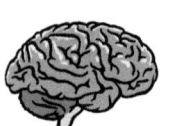

smegenys

מוח

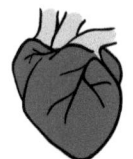

širdis

לב

raumuo

שריר

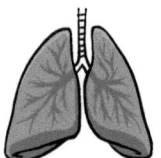

plaučiai

ריאה

kepenys

כבד

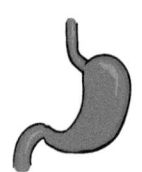

skrandis

קיבה

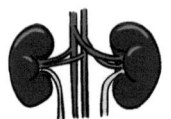

inkstai

כליות

seksas

מין

prezervatyvas

קונדום

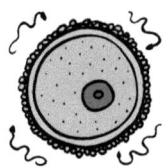

kiaušialąstė

ביצית

sperma

זרע

nėštumas

הריון

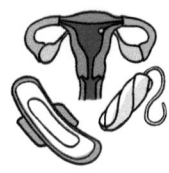

menstruacijos

ווסת

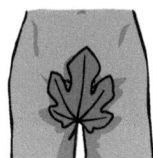

makštis

נרתיק

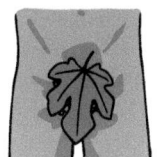

varpa

פין

antakis

גבה

plaukai

שיער

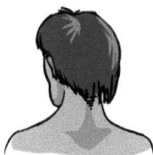

kaklas

צוואר

ligoninė

בית חולים

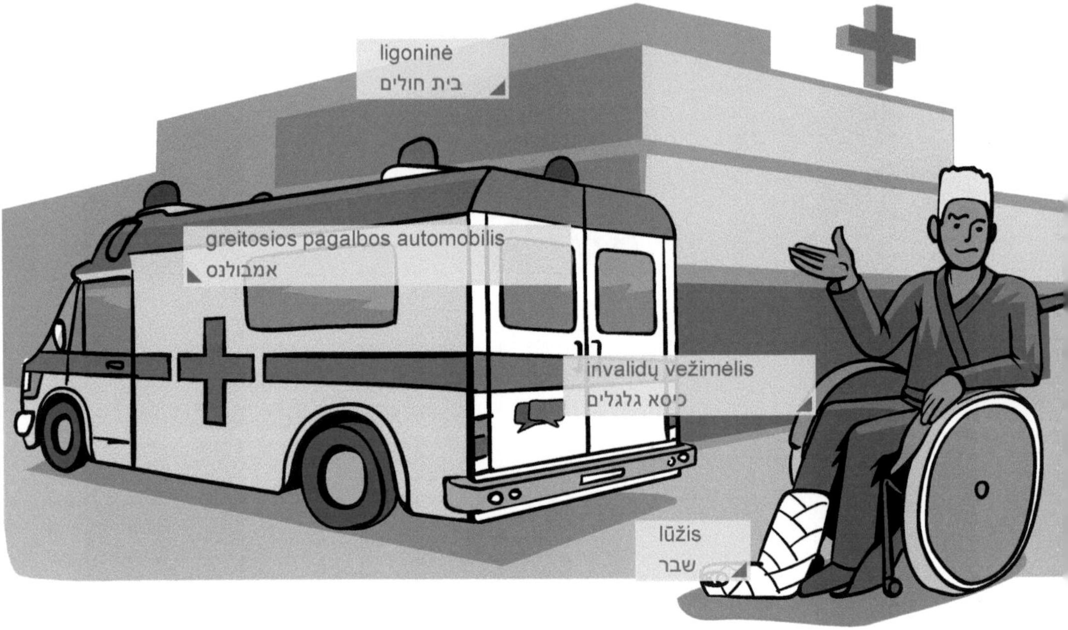

ligoninė
בית חולים
greitosios pagalbos automobilis
אמבולנס
invalidų vežimėlis
כיסא גלגלים
lūžis
שבר

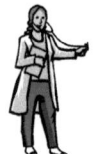

gydytojas

רופא

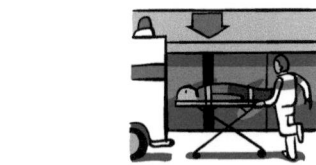

skubios pagalbos skyrius

חדר מיון

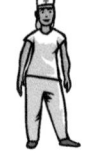

slaugytoja

אחות

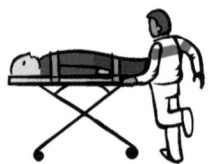

nelaimingas atsitikimas

חירום

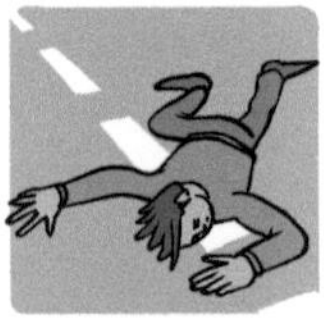

be sąmonės

חסר הכרה

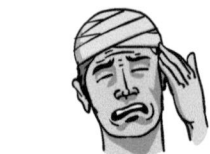

skausmas

כאב

sužalojimas

פציעה

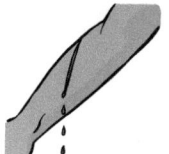

kraujavimas

דימום

širdies smūgis

התקף לב

insultas

שבץ

alergija

אלרגיה

kosulys

שיעול

karščiavimas

חום

gripas

שפעת

viduriavimas

שלשול

galvos skausmas

כאב ראש

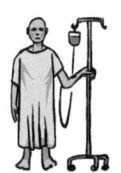

vėžys

סרטן

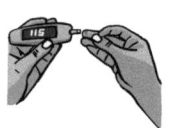

diabetas

סוכרת

chirurgas

מנתח

skalpelis

אזמל

operacija

ניתוח

KT

סי-טי

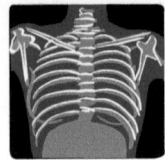

rentgenas

רנטגן

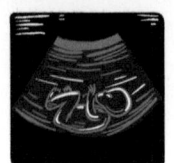

ultragarsas

אולטרסאונד

veido kaukė

מסיכת פנים

liga

מחלה

laukiamasis

חדר המתנה

ramentas

קבה

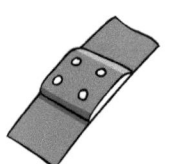

gipsas

פלסטר

tvarstis

תחבושת

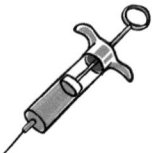

injekcija

זריקה

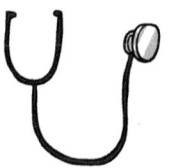

stetoskopas

סטטוסקופ

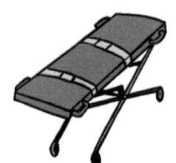

neštuvai

אלונקה

termometras

מד חום

gimimas

לידה

antsvoris

עודף משקל

klausos aparatas

מכשיר שמיעה

dezinfekavimo priemonė

מחטא

infekcija

זיהום

virusas

נגיף

ŽIV / AIDS

איידס

vaistas

תרופה

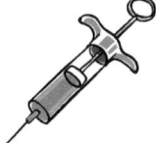

skiepijimas

חיסון

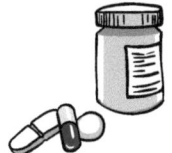

tabletės

טבליות

piliulė

גלולה

skubios pagalbos numeris

קריאת חירום

kraujospūdžio matuoklis

מד לחץ דם

ligotas / sveikas

חולה / בריא

Padėkite!

הצילו!

pavojaus signalas

אזעקה

užpuolimas

פשיטה

ataka

תקיפה

pavojus

סכנה

avarinis išėjimas

יציאת חירום

Gaisras!

אש!

gesintuvas

מטף כיבוי

nelaimingas atsitikimas

תאונה

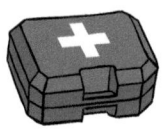

pirmosios pagalbos rinkinys

ערכת עזרה ראשונה

SOS

הצילו!

policija

משטרה

Europa

אירופה

Šiaurės Amerika

צפון אמריקה

Pietų Amerika

דרום אמריקה

Afrika

אפריקה

Azija

אסיה

Australija

אוסטרליה

Atlanto vandenynas

האוקיינוס האטלנטי

Ramusis vandenynas

האוקיינוס השקט

Indijos vandenynas

האוקיינוס ההודי

Pietų vandenynas

האוקיינוס האנטרקטי

Arkties vandenynas

האוקיינוס הארקטי

Šiaurės ašigalis

הקוטב הצפוני

Pietų ašigalis

הקוטב הדרומי

Antarktida

אנטארקטיקה

Žemė

כדור הארץ

sausuma

אדמה

jūra

ים

sala

אי

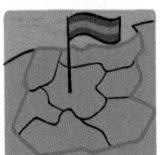

tauta

לאום

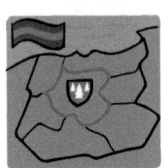

valstybė

מדינה

ciferblatas

פני השעון

valandinė rodyklė

מחוג השעות

minutinė rodyklė

מחוג הדקות

sekundinė rodyklė

מחוג השניות

Kiek valandų?

מה השעה?

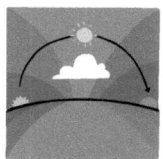

diena

יום

laikas

זמן

dabar

עכשיו

skaitmeninis laikrodis

שעון דיגיטלי

minutė

דקה

valanda

שעה

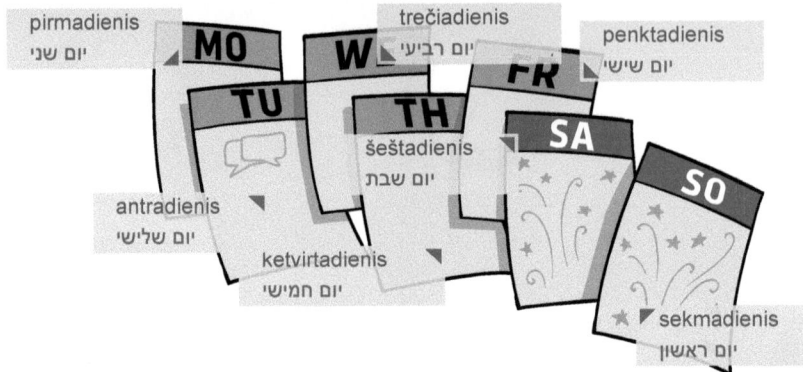

pirmadienis
יום שני
MO

trečiadienis
יום רביעי
W

penktadienis
יום שישי
FR

TU

TH
šeštadienis
יום שבת

SA

SO

antradienis
יום שלישי

ketvirtadienis
יום חמישי

sekmadienis
יום ראשון

vakar

אתמול

šiandien

היום

rytoj

מחר

rytas

בוקר

vidurdienis

צהריים

vakaras

ערב

MO	TU	WE	TH	FR	SA	SU
1	2	3	4	5	6	7
8	9	10	11	12	13	14
15	16	17	18	19	20	21
23	23	24	25	26	27	28
29	30	31	1	2	3	4

darbo dienos

ימי עבודה

MO	TU	WE	TH	FR	SA	SU
1	2	3	4	5	6	7
8	9	10	11	12	13	14
15	16	17	18	19	20	21
22	23	24	25	26	27	28
29	30	31	1	2	3	4

savaitgalis

סוף שבוע

metai

שנה

lietus
גשם
vaivorykštė
קשת בענן
vėjas
רוח
sniegas
שלג
pavasaris
אביב
ruduo
סתיו
vasara
קיץ
žiema
חורף

4.APRIL 11°
5.APRIL 4°
6.APRIL 13°
7.APRIL 8°
8.APRIL 10°

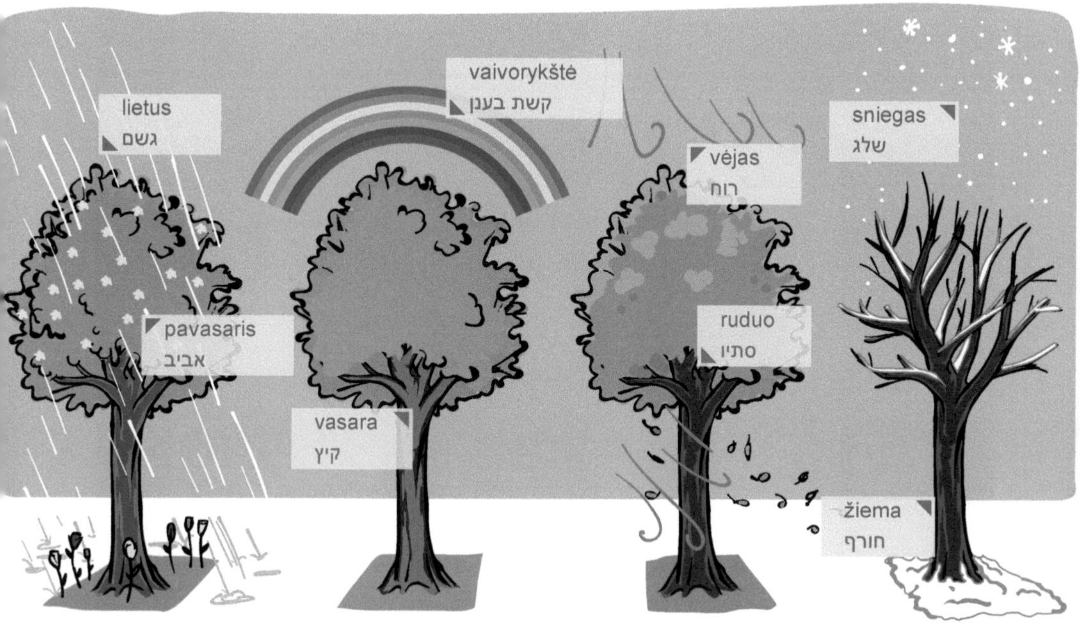

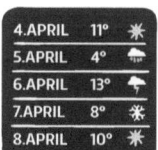

orų prognozė

תחזית מזג האוויר

F C

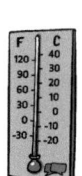

lauko termometras

מד חום

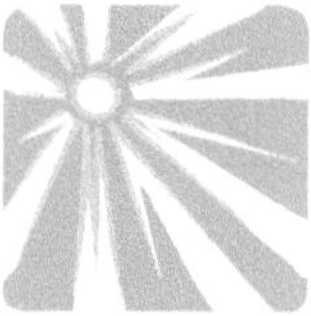

saulės šviesa

אור שמש

debesis

ענן

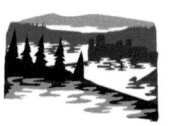

rūkas

ערפל

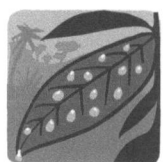

drėgmė

לחות

žaibas

ברק

griaustinis

רעם

audra

סערה

kruša

ברד

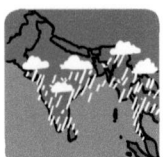

musonas

רוח עונתי

potvynis

שיטפון

ledas

קרח

sausis

ינואר

vasaris

פברואר

kovas

מרץ

balandis

אפריל

gegužė

מאי

birželis

יוני

liepa

יולי

rugpjūtis

אוגוסט

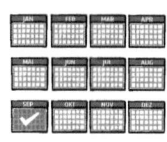

rugsėjis

ספטמבר

spalis

אוקטובר

lapkritis

נובמבר

gruodis

דצמבר

formos

צורות

apskritimas

עיגול

kvadratas

מרובע

stačiakampis

מלבן

trikampis

משולש

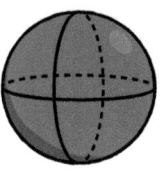

sfera

כדור

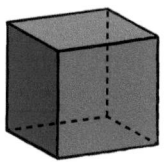

kubas

קובייה

balta

לבן

geltona

צהוב

oranžinė

כתום

rožinė

ורוד

raudona

אדום

violetinė

סגול

mėlyna

כחול

žalia

ירוק

ruda

חום

pilka

אפור

juoda

שחור

daug / mažai

הרבה / מעט

piktas / ramus

כועס / רגוע

gražus / bjaurus

יפה / מכוער

pradžia / pabaiga

התחלה / סוף

didelis / mažas

גדול / קטן

šviesus / tamsus

בהיר / כהה

brolis / sesuo

אח / אחות

švarus / purvinas

נקי / מלוכלך

užbaigtas / neužbaigtas

שלם / חלקי

diena / naktis

יום /לילה

miręs / gyvas

מת / חי

platus / siauras

רחב / צר

valgomas / nevalgomas

אכיל / לא אכיל

piktas / malonus

רשע / טוב לב

linksmas / nuobodus

מתרגש / משועמם

storas / plonas

שמן / רזה

pirmiausia / paskiausia

ראשון / אחרון

draugas / priešas

חבר / אויב

pilnas / tuščias

מלא / ריק

kietas / minkštas

קשה / רך

sunkus / lengvas

כבד / קל

alkis / troškulys

רעב / צמא

ligotas / sveikas

חולה / בריא

nelegalus / legalus

בלתי-חוקי / חוקי

protingas / kvailas

נבון / טיפש

kairė / dešinė

שמאל / ימין

arti / toli

קרוב / רחוק

naujas / naudotas

חדש / משומש

niekas / kažkas

כלום / משהו

senas / jaunas

זקן / צעיר

įjungta / išjungta

פעיל / כבוי

atidaryta / uždaryta

פתוח / סגור

tylus / garsus

שקט / רועש

turtingas / vargšas

עשיר / עני

teisus / neteisus

נכון / שגוי

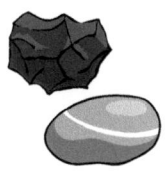

šiurkštus / švelnus

מחוספס / חלק

liūdnas / laimingas

עצוב / שמח

trumpas / ilgas

קצר / ארוך

lėtas / greitas

איטי / מהיר

drėgnas / sausas

רטוב / יבש

šiltas / šaltas

חם / קר

karas / taika

מלחמה / שלום

0	**1**	**2**
nulis	vienas	du
אפס	אחת	שתיים

3	**4**	**5**
trys	keturi	penki
שלוש	ארבע	חמש

6	**7**	**8**
šeši	septyni	aštuoni
שש	שבע	שמונה

9	**10**	**11**
devyni	dešimt	vienuolika
תשע	עשר	אחת-עשרה

12

dvylika

שתים-עשרה

13

trylika

שלוש-עשרה

14

keturiolika

ארבע-עשרה

15

penkiolika

חמש-עשרה

16

šešiolika

שש-עשרה

17

septyniolika

שבע-עשרה

18

aštuoniolika

שמונה-עשרה

19

devyniolika

תשע-עשרה

20

dvidešimt

עשרים

100

šimtas

מאה

1.000

tūkstantis

אלף

1.000.000

milijonas

מיליון

anglų

אנגלית

amerikiečių anglų

אנגלית אמריקאית

kinų (mandarinų)

סינית מנדרינית

hindi

הודית

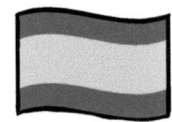

ispanų

ספרדית

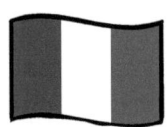

prancūzų

צרפתית

arabų

ערבית

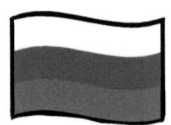

rusų

רוסית

portugalų

פורטוגזית

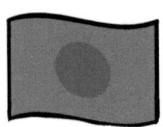

bengalų

בנגלית

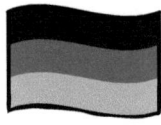

vokiečių

גרמנית

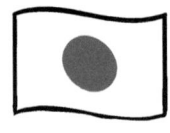

japonų

יפנית

aš

אני

tu

אתה / את

jis / ji

הוא / היא / זה

mes

אנחנו

jūs

אתם

jie

הם

kas?

מי?

ką?

מה?

kaip?

איך?

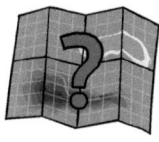

kur?

איפה?

kada?

מתי?

vardas

שם

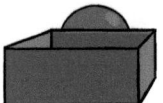

už

מאחור

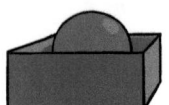

kur (vieta)

בתוך

priešais

לפני

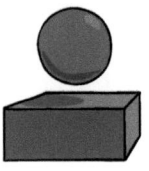

virš

מעל

ant

על

po

מתחת

prie

ליד

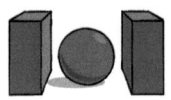

tarp

בין

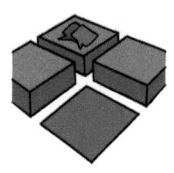

vieta

מקום